SCHOKOSÜNDEN

FRIDA SKATTBERG

Schokosünden

FOTOS HELÉN PE

LV.Buch
Die Begeisterungswerkstatt

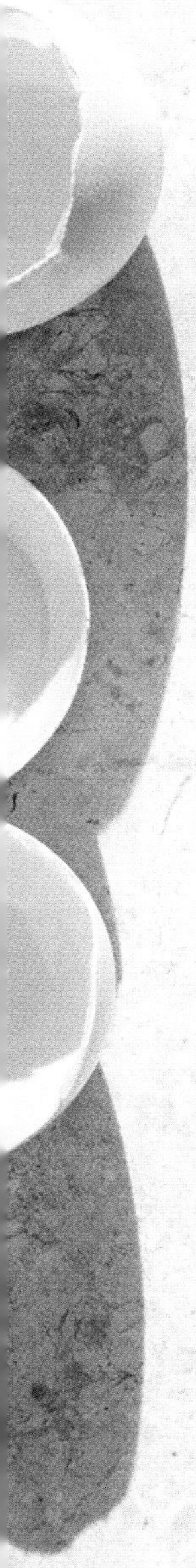

Inhalt

Vorwort

In meinen ersten Erinnerungen an das Backen bin ich sechs Jahre alt und gehe in die Vorschule. Ich war immer besonders lange dort und nachmittags erlaubte mir die Lehrerin, zu backen. Zusammen mit meinen Freunden buk ich eines Tages einen Klitschkuchen, der das Beste war, was ich jemals gegessen hatte, auch wenn es nur ein „Basisklitschkuchen" war. Schon damals interessierte ich mich fürs Backen, besonders für Klitschkuchen. Seitdem habe ich unzählige gebacken und mich später getraut, ordentlich mit verschiedenen Geschmackskombinationen für diese tollen Kuchen zu experimentieren. Jetzt gibt es für mich keine Regeln und Grenzen mehr, wenn es um Klitschkuchen geht. Dieses Buch enthält viele meiner spontanen Schokosünden, eine gewagter als die andere. Ich finde es unglaublich, dass diese einfachen Kuchen so fantastisch sein können und möchte Ihnen genau das zeigen – meine Liebe zum Klitschkuchen. Ich hoffe, Sie haben viel Freude mit meinen Rezepten. Und wer weiß, vielleicht finden Sie in diesem Buch Ihren Lieblingskuchen?

So gelingt Ihre Schokosünde

LESEN SIE DIE REZEPTE SORGFÄLTIG
Lesen Sie immer das ganze Rezept durch, bevor Sie beginnen. Kontrollieren Sie die Zutatenliste, damit Sie alles im Haus haben. Lesen Sie dann die Beschreibung ein- oder zweimal durch, damit Sie keinen wichtigen Schritt vergessen, wenn Sie mit Backen anfangen.

„LUFTIG" ABMESSEN
Ein häufiger Fehler ist, Weizenmehl direkt mit dem Messbecher aus der Verpackung zu schöpfen. Dann besteht das Risiko, dass es zu sehr verdichtet und Sie mehr verwenden, als Sie eigentlich brauchen. Und zu viel Mehl macht den Kuchen trocken. Schütten Sie es stattdessen luftig in den Messbecher und danach in den Teig.

MESSEN SIE DIE OFENTEMPERATUR
Wichtig ist, daran zu denken, dass jeder Ofen unterschiedlich backt. Die beste Art, um die Gradzahl Ihres Ofens herauszufinden, ist die Kontrolle mit dem Küchenthermometer. Vielleicht erreicht er tatsächlich 185 Grad, wenn Sie ihn auf 175 einstellen? Reduzieren Sie in diesem Fall die Temperatur um 10 Grad, wenn Sie Ihren Klitschkuchen backen. Das verhindert, dass der Kuchen zu lange backt oder sogar verbrennt.

NEHMEN SIE DEN KLITSCHKUCHEN RECHTZEITIG HERAUS
Trauen Sie sich, den Klitschkuchen aus dem Ofen zu nehmen, wenn er noch ordentlich klebrig ist, dann können Sie sicher sein, dass er nicht zu lange gebacken ist. Stellen Sie ihn dann für einige Stunden in den Kühlschrank, gern über Nacht, um eine zähe „Fudge"-Konsistenz zu erreichen.

DER KUCHEN SOLL SICH SETZEN
Sehr wichtig ist es, den Kuchen gut abkühlen zu lassen, damit er sich vor dem Servieren setzen kann. Sonst wird der Kuchen als zu klebrig empfunden. Er darf gern eine oder zwei Stunden vor dem Servieren in den Kühlschrank, dann gelingt er am besten.

Das Grundrezept ist eine gute Basis, wenn Sie voller Ideen sind oder nur einen einfachen Klitschkuchen backen möchten. Vielleicht möchten Sie mit verschiedenen Aromen experimentieren oder Süßigkeiten und Beeren hinzufügen? Dann können Sie dieses Rezept als Ausgangspunkt verwenden und dann Ihrer Fantasie einfach freien Lauf lassen.

Grundrezept

WEISS

100 g Butter

100 g weiße Schokolade

2 Eier

180 g Feinzucker (Streuzucker)

1 TL Vanillezucker

120 g Weizenmehl

½ TL Salz

HELL

100 g Butter

100 g Milchschokolade

2 Eier

180 g Feinzucker (Streuzucker)

1 TL Vanillezucker

120 g Weizenmehl

½ TL Salz

DUNKEL

100 g Butter

100 g dunkle Schokolade

2 Eier

180 g Feinzucker (Streuzucker)

1 TL Vanillezucker

2 EL Kakao

120 g Weizenmehl

½ TL Salz

1. Ofen auf 175 °C vorheizen. Eine Springform mit 22 cm Durchmesser einfetten.

2. Butter und Schokolade in einem Topf bei geringer Hitze schmelzen. Vom Herd nehmen und zur Seite stellen.

3. Eier und Zucker in einer Schüssel vermischen und dann die anderen trockenen Zutaten hinzufügen. Die Buttermischung dazugeben und alles zu einem glatten Teig verarbeiten.

4. Teig in die Form füllen und bei mittlerer Einschubhöhe 20–25 Minuten backen. Herausnehmen und abkühlen.

Schokosünden

Schoko-Kokos-Schnitten werden von vielen geliebt, so auch von mir. Deshalb war es ganz klar, dass ich dieses Aroma für einen Klitschkuchen haben wollte. Das Ergebnis ist ein himmlisch guter Schoko-Kokos-Klitschkuchen.

Schoko-Kokos-Klitschkuchen

SCHOKOLADENKUCHEN

150 g Butter

100 g dunkle Schokolade

50 ml gekochter Kaffee

3 Eier

90 g Feinzucker (Streuzucker)

80 g Muscovado-Zucker

40 g Kakao

150 g Weizenmehl

1 Prise Salz

GLASUR

75 g Butter

2 EL gekochter Kaffee

215 g Puderzucker

2 EL Kakao

1½ TL Vanillezucker

ZUM GARNIEREN

100 g Kokos, gerieben

1. Ofen auf 175 °C vorheizen. Eine Springform mit 20 cm Durchmesser einfetten.

2. Butter, Schokolade und Kaffee für den Schokokuchen in einem Topf schmelzen.

3. Eier, Feinzucker und Muscovado-Zucker in einer Schüssel mischen und Kakao, Mehl und Salz hinzufügen. Zu einem dicken Teig verrühren und dann die Buttermischung dazugeben. Zu einem glatten Teig mixen.

4. Teig in die Form füllen und den Kuchen bei mittlerer Einschubhöhe etwa 25 Minuten backen. Herausnehmen und abkühlen lassen.

5. Butter und Kaffee für die Glasur bei geringer Hitze in einem Topf schmelzen. Die restlichen Zutaten einrühren und unter Rühren etwa 1 Minute simmern lassen.

6. Die Glasur auf dem Kuchen verteilen und das Kokos sofort darüber streuen. Vor dem Servieren 2 Stunden im Kühlschrank stehen lassen.

Klitschkuchen mit Nutella-Baiser ist kindisch gut. Er hat ein mildes Aroma und Kinder lieben ihn. Bei Allergien kann das Nutella einfach gegen dunkle Schokolade oder eine andere Schokocreme ausgetauscht werden.

Klitschkuchen

MIT NUTELLA-BAISER

KLITSCHKUCHEN

150 g Butter

150 g dunkle Schokolade

2 Eier

180 g Feinzucker (Streuzucker)

40 g Kakao

150 g Weizenmehl

1 TL Salz

NUTELLA-BAISER

4 Eiweiß

110 g Feinzucker (Streuzucker)

100 g Nutella

SERVIERVORSCHLAG

frische Beeren

leicht geschlagene Sahne

1. Ofen auf 175 °C vorheizen. Eine Springform mit 22 cm Durchmesser einfetten.

2. Die Butter zusammen mit der Schokolade in einem Topf schmelzen. Vom Herd nehmen und zur Seite stellen.

3. Eier und Zucker in einer Schüssel verrühren. Kakao, Mehl und Salz dazugeben.

4. Die Buttermischung hineingießen und zu einem glatten Teig verarbeiten.

5. Teig in die Form füllen und den Kuchen bei mittlerer Einschubhöhe etwa 15 Minuten backen. Kuchen herausnehmen und Ofentemperatur auf 200 °C erhöhen. Den Klitschkuchen etwas abkühlen lassen, während Sie das Nutella-Baiser zubereiten.

6. Die Eiweiße in einer Küchenmaschine oder mit dem Handrührgerät zu einem festen Baiser schlagen. Zucker schrittweise hinzufügen und mit hoher Geschwindigkeit schlagen, bis das Baiser glänzend und steif ist.

7. Nutella für etwa 20 Sekunden in der Mikrowelle schmelzen und dann über den Baiser-Teig ringeln. Spiralförmig umrühren, sodass sich Kringel bilden. Baiser auf dem Klitschkuchen verteilen und in der Ofenmitte in etwa 25 Minuten backen. Herausnehmen und abkühlen lassen. Gern mit frischen Beeren und leicht geschlagener Sahne servieren.

Bei diesem Kuchen bildet das Salz einen tollen Kontrast zur Süße. Wenn Sie andere Nüsse oder vielleicht Mandeln lieber mögen, nehmen Sie die stattdessen. Verwenden Sie am besten gesalzene Nüsse – das intensiviert das Aroma kräftig.

Schokoladenkuchen

MIT SALZIGEM ERDNUSSKARAMELL

ERDNUSSKARAMELL

150 g Erdnüsse, gesalzen

100 g Butter

90 g Feinzucker (Streuzucker)

15 g Weizenmehl

25 ml Milch

SCHOKOLADENKUCHEN

150 g Butter

225 g Feinzucker (Streuzucker)

2 Eier

40 g Kakao

120 g Weizenmehl

1 Prise Salz

1. Ofen auf 175 °C vorheizen. Eine Springform mit 19–24 cm Durchmesser einfetten.

2. Die Erdnüsse für das Karamell grob hacken. Butter, Zucker, Milch und Mehl in einem Topf mit dickem Boden mischen. Unter Rühren aufkochen und bei schwacher Hitze ein paar Minuten köcheln lassen. Zum Schluss die gehackten Erdnüsse unterrühren.

3. Die Butter für den Kuchen in einem Topf bei geringer Hitze schmelzen und dann vom Herd nehmen. Schrittweise Zucker und dann nach und nach die Eier einrühren. Kakao, Mehl und Salz hinzufügen und zu einem glatten Teig verrühren.

4. Den Teig in eine Form füllen und ein paar Kleckse Erdnusskaramell darüber geben. Den Kuchen in der Ofenmitte 25–30 Minuten backen. Im Kühlschrank 2 Stunden abkühlen lassen.

Für dieses Rezept verwende ich kondensierte Schokoladenmilch, die im Laden normalerweise bei den Backzutaten steht. Wenn Sie keine bekommen, funktioniert es auch gut mit anderer Schokocreme oder Fudge. Sie können auch Schokostückchen verwenden, sie müssen nur in den Teig gedrückt werden, bevor der Kuchen in den Ofen wandert.

Red Velvet

MIT SCHOKOSAUCE

150 g Butter

3 Eier

225 g Feinzucker

2 TL Vanillezucker

180 g Weizenmehl

40 g Kakao

2 EL rote Lebensmittelfarbe

½ TL Salz

200 ml kondensierte Schokoladenmilch (im Internet erhältlich)

1. Ofen auf 175 °C vorheizen. Eine Springform mit 22 cm Durchmesser einfetten.

2. Butter einem Topf schmelzen und zur Seite stellen.

3. Eier und Zucker in einer Schüssel verrühren. Vanillezucker, Mehl, Kakao, Lebensmittelfarbe und Salz hinzufügen. Zum Schluss die Butter dazugeben und alles zu einem Teig verrühren.

4. Den Teig in eine Form geben und die kondensierte Schokomilch hinzufügen. Spiralförmig umrühren, sodass ein Marmormuster entsteht.

5. Den Kuchen in der Ofenmitte etwa 30 Minuten backen. Herausnehmen und abkühlen lassen.

Chili und Schokolade ist eine unterschätzte Geschmackskombination, warum auch immer. Bei diesem Klitschkuchen stehen diese beiden Aromen wirklich im Fokus, und er ist unglaublich gut.

DUNKLER SCHOKOKUCHEN MIT Chili-Fudge

SCHOKOLADENKUCHEN

150 g Butter

100 g dunkle Schokolade, 70 %

2 Eier

120 g Muscovado-Zucker

120 g Weizenmehl

20 g Kakao

½ TL Salz

CHILIFUDGE

30 ml Sahne

225 g Feinzucker (Streuzucker)

10 ml heller Sirup

1 EL flüssiger Honig

50 g Butter

150 g Schokolade mit Chiliaroma

½–1 EL Chiliflocken

1. Den Backofen auf 175 °C vorheizen. Eine Springform mit 22 cm Durchmesser einfetten.

2. Butter und Schokolade in einem Topf bei geringer Hitze schmelzen. Vom Herd nehmen und zur Seite stellen.

3. Eier und Zucker leicht in einer Schüssel aufschlagen. Mehl, Kakao, Salz und zum Schluss die Buttermischung hinzugeben. Zu einem glatten Teig verrühren.

4. Teig in die Form füllen und bei mittlerer Einschubhöhe etwa 25 Minuten backen. Im Kühlschrank abkühlen lassen, während Sie das Fugde zubereiten.

5. Sahne, Zucker und Sirup in einem Topf mischen, aufkochen lassen. Bei mittlerer Hitze kochen, bis die Mischung eine Temperatur von 120 °C erreicht hat.

6. Honig, Butter und Schokolade dazugeben und rühren, bis die Schokolade vollständig geschmolzen ist.

7. Fudge über den Kuchen gießen und mit Chiliflocken toppen. Im Kühlschrank festwerden lassen.

TIPP: Gern mit einer Kugel traditionellem Vanilleeis servieren (siehe S. 46).

Erdbeer-Cheesecake

AUF DUNKLEM SCHOKOBODEN

KLITSCHKUCHEN

150 g Butter

150 g dunkle Schokolade, 70 %

180 g Feinzucker (Streuzucker)

2 große Eier

90 g Weizenmehl

1 Prise Salz

CHEESECAKE-FÜLLUNG

300 g Philadelphiakäse, zimmerwarm

100 ml Crème fraîche

45 g Feinzucker (Streuzucker)

2 TL Vanillezucker

3 EL Maismehl

1 Ei

1 Eigelb

50 g weiße Schokolade

200 g Erdbeeren

1. Ofen auf 175 °C vorheizen. Eine Springform mit 22 cm Durchmesser einfetten.

2. Klitschkuchen backen: Butter und Schokolade in einem Topf bei geringer Hitze schmelzen. Topf vom Herd nehmen und etwas abkühlen lassen.

3. Schrittweise Zucker und dann nach und nach die Eier einrühren. Mehl und Salz hinzufügen und zu einem glatten Teig verrühren. Teig in die Form füllen und bei mittlerer Einschubhöhe etwa 15 Minuten backen.

4. Die Cheesecake-Füllung zubereiten, während der Kuchen im Ofen ist. Philadelphiakäse und Créme fraîche in einer Schüssel luftig schlagen. Feinzucker, Vanillezucker, Maismehl, Ei und Eigelb hinzufügen.

5. Schokolade über einem Wasserbad oder vorsichtig in der Mikrowelle schmelzen und unter den Teig rühren. Die Erdbeeren mit dem Stabmixer zu einem glatten Püree mixen und mit dem Teig vermischen.

6. Den Klitschkuchen aus dem Ofen nehmen und die Cheesecake-Füllung darauf verteilen. Weitere 25–30 Minuten backen.

7. Kuchen herausnehmen und ganz abkühlen lassen, bevor Sie die Ränder vorsichtig lösen. Eventuell mit frischen Erdbeeren garnieren.

Dieser Kuchenteig ist so gut, da ist es schnell passiert, dass man ihn aufisst, bevor der Kuchen im Ofen landet. Dann ist es gut, wenn Sie die Zutaten doppelt im Haus haben, falls diese „Katastrophe“ eintreten sollte, wenn Sie backen ...

Cookie Dough

CHOCOLATE CAKE

KEKSTEIG

100 g Butter

90 g Feinzucker (Streuzucker)

90 g Farinzucker

1 TL Vanillezucker

1 Ei

170 g Weizenmehl

½ TL Backpulver

280 g dunkle Schokoladendrops

KLITSCHKUCHEN

200 g Butter

3 Eier

180 g Feinzucker (Streuzucker)

20 g Kakao

170 g Weizenmehl

1 TL Salz

1. Ofen auf 175 °C vorheizen. Eine Springform mit 22 cm Durchmesser einfetten.

2. Keksteig: Butter, Feinzucker, Farinzucker und Vanillezucker mit dem Handrührgerät schaumig schlagen. Das Ei hinzugeben und weiter schlagen.

3. Mehl, Backpulver und Schokodrops hineinrühren und zu einem glatten Teig verarbeiten. Im Kühlschrank erstarren lassen, während Sie den Klitschkuchenteig zubereiten.

4. Klitschkuchen backen. Butter bei niedriger Hitze in einem Topf schmelzen und zur Seite stellen.

5. Eier und Zucker in einer Schüssel verrühren. Die restlichen Zutaten und danach die Butter hinzufügen. Zu einem glatten Teig verrühren.

6. Den Teig in eine Form geben und dann den Keksteig darauf klecksen. Spiralförmig rühren, sodass ein Marmormuster entsteht.

7. Im Ofen bei mittlerer Einschubhöhe 25–30 Minuten backen. Kuchen vor dem Servieren abkühlen lassen.

Schokolade und Himbeeren sind eine himmlische Kombination. Das Himbeer-Baiser wird nicht wie ein hartes, normales Baiser, sondern äußerlich leicht golden und zähflüssig. Und innen weich wie Samt, sodass es auf der Zunge schmilzt!

Himbeer-Baiser

SCHOKOLADENKUCHEN

175 g dunkle Schokolade, 70 %

200 g Butter

4 Eier

225 g Feinzucker (Streuzucker)

120 g Weizenmehl

30 g Kakao

1 TL Vanillezucker

½ TL Salz

HIMBEER-BAISER

2 Eiweiß

1 ½ TL frisch gepresster Zitronensaft

155 g Feinzucker (Streuzucker)

100 g Himbeeren, frisch oder TK und aufgetaut

1. Ofen auf 175 °C vorheizen. Eine Springform mit 24 cm Durchmesser einfetten.

2. Schokolade grob hacken und zusammen mit der Butter in einem Topf schmelzen. Rühren, bis die Schokolade ganz geschmolzen ist, zur Seite stellen.

3. Eier und Feinzucker in einer Schüssel verrühren. Mehl, Kakao, Vanillezucker und Salz in die Eimischung sieben. Zu einem glatten Teig verrühren. Zum Schluss die Buttermischung dazugeben und unterheben. Teig in die Form füllen und bei mittlerer Einschubhöhe etwa 25 Minuten backen.

4. Währenddessen das Himbeer-Baiser zubereiten. Erst Eiweiße, Zitronensaft und 75 g Zucker in einer Küchenmaschine oder mit dem Schneebesen zu einem festen Schaum schlagen. Mit niedriger Geschwindigkeit starten, dann erhöhen. Himbeeren mit dem restlichen Zucker vermusen. (Wenn Sie tiefgefrorene Himbeeren verwenden, diese auftauen und eine Weile abtropfen lassen, bevor sie mit dem Zucker vermust werden.) Das Himbeermus schrittweise zum Baiserteig dazugeben, bei höchster Stufe zu einer festen Baiserwolke schlagen.

5. Die Kuchenform nach etwa 25 Minuten Backzeit leicht rütteln. Wenn der Rand fest ist und ein kleiner Teil in der Mitte noch gelöst werden kann (er muss ein bisschen „wabbeln"), wird das Baiser darüber gegeben und der Kuchen kommt zurück in den Ofen.

6. Den Kuchen weitere 20 Minuten backen. Das Baiser sollte eine feine, goldene Farbe haben, aber noch ziemlich locker sein, wenn der Kuchen warm ist. Beim Abkühlen erstarrt das Baiser und sinkt zusammen. Den Kuchen im Kühlschrank etwas abkühlen lassen, bevor Sie die Ränder lösen.

Orangen und Safran sind zwei Aromen, die man oft mit Weihnachten verbindet. Aber ich finde, man sollte sie häufiger verwenden, warum nicht mitten im Sommer? Versuchen Sie die Kombination in diesem Klitschkuchen und Sie werden nicht mehr davon loskommen!

Orangenkuchen

MIT SAFRANKARAMELL

ORANGENKUCHEN

150 g Butter

2 Orangen, Saft und fein geriebene Schale

270 g Feinzucker (Streuzucker)

3 Eier

150 g Weizenmehl

½ TL Vanillepulver

SAFRANKARAMELL

250 ml Schlagsahne

125 ml heller Sirup

135 g Feinzucker (Streuzucker)

½ g Safran

50 g Butter

1. Den Backofen auf 175 °C vorheizen. Eine Springform mit 22 cm Durchmesser einfetten.

2. Die Butter für den Kuchen in einem Topf schmelzen und vom Herd nehmen.

3. Saft und Schale der Orangen hinzufügen. Zucker, Eier, Mehl und Vanillepulver dazugeben und zu einem glatten Teig verrühren.

4. Teig in die Form füllen und bei mittlerer Einschubhöhe etwa 30 Minuten backen.

5. Kuchen herausnehmen und im Kühlschrank abkühlen lassen, während Sie das Safrankaramell zubereiten.

6. Alle Zutaten für das Safrankaramell in einem Topf mit dickem Boden aufkochen lassen. Bei mittlerer Hitze kochen lassen, bis das Karamell eine Temperatur von 126 °C erreicht hat.

7. Das Karamell direkt auf dem abgekühlten Klitschkuchen verteilen und bei Zimmertemperatur erstarren lassen.

Schoko-Schälchen

MIT BEEREN

150 g Butter

180 g Feinzucker (Streuzucker)

2 Eier

1 TL Vanillezucker

165 g Weizenmehl

40 g Kakao

1 Prise Salz

Puderzucker zum Garnieren

1. Ofen auf 175 °C vorheizen. Eine Muffinform mit Platz für 12 Muffins einfetten.

2. Butter in einem Topf bei geringer Hitze schmelzen.

3. Feinzucker, Eier und Vanillezucker in einer Schüssel leicht mit dem Schneebesen verquirlen. Mehl, Kakao und Salz unter den Teig heben und zu einem glatten Teig verrühren. Zum Schluss die Butter hinzufügen.

4. Teig gleichmäßig in der Muffinform verteilen und bei mittlerer Einschubhöhe etwa 7 Minuten backen. Herausnehmen und 10 Minuten abkühlen lassen. Jetzt die Schälchen herstellen, indem jeder Muffin mit dem Boden eines Glases mittig ausgehöhlt wird. Ganz abkühlen lassen.

5. Die Schälchen mit Beeren füllen und etwas Puderzucker darüber streuen.

TIPP: Diese Schokoschälchen können auch toll mit Vanilleeis gefüllt (S. 46) und mit etwas Schokoladensauce garniert werden (S. 67).

Zitronenkuchen

MIT ITALIENISCHEM BAISER

LEMON CURD

2 kleine Eier

90 g Feinzucker (Streuzucker)

1 Zitrone, Saft und geriebene Schale

35 g Butter

ZITRONENKUCHEN

200 g Butter

3 Eier

315 g Feinzucker (Streuzucker)

1 Zitrone, Saft und geriebene Schale

2 TL Vanillezucker

180 g Weizenmehl

ITALIENISCHES BAISER

90 g Feinzucker

1 EL Wasser

2 Eiweiß

1. Den Backofen auf 175 °C vorheizen. Eine Springform mit 22 cm Durchmesser einfetten.

2. Die Eier für die Lemon Curd in einer rostfreien Schüssel leicht schlagen, dann Zucker, Zitronenschale und Zitronensaft einrühren. Die Schüssel in ein heißes Wasserbad stellen und unter Rühren erhitzen, bis die Mischung eindickt. Die Schüssel aus dem Wasserbad nehmen, die Butter hinzufügen und rühren, bis sie geschmolzen ist. Die Lemon Curd ganz abkühlen lassen.

3. Die Butter für den Zitronenkuchen in einem Topf schmelzen und zur Seite stellen. Ei, Zucker, Zitronenschale und -saft sowie Vanillezucker zu einem glatten Teig schlagen. Mehl und geschmolzene Butter hinzufügen. Zu einem glatten Teig verrühren. Teig in die Form füllen und bei mittlerer Einschubhöhe etwa 25 Minuten backen. Herausnehmen und im Kühlschrank abkühlen lassen.

4. Zucker und Wasser für das Baiser in einem Topf erhitzen. Wenn der Zuckersirup eine Temperatur von etwa 115 °C erreicht hat, die Eiweiße in einer Küchenmaschine oder in einer Schüssel mit dem Handrührgerät schlagen. Mit niedriger Geschwindigkeit starten, dann schrittweise erhöhen, bis die Eiweiße einen fluffigen Schaum bilden. Wenn der Zuckersirup eine Temperatur von 122 °C erreicht hat, diesen vorsichtig in dünnem Strahl in das aufgeschlagene Eiweiß gießen. Dabei auf niedriger Stufe schlagen. Wenn der gesamte Zuckersirup hinzugefügt ist, die Geschwindigkeit auf die höchste Stufe schalten und 1–2 Minuten schlagen. Danach wieder zurückschalten und weiter schlagen, bis das Baiser ganz abgekühlt ist.

5. Den Klitschkuchen aus dem Kühlschrank nehmen. Die Lemon Curd auf dem Kuchen verteilen, aber 1 cm bis zum Rand freilassen. Baiser aufspritzen oder verteilen und dann mit einem Gasbrenner flambieren. Wenn Sie keinen solchen Brenner besitzen, den Kuchen bei 200 °C ganz oben in den Ofen schieben, bis das Baiser golden ist.

Kokos und Limette in einem Klitschkuchen sind irrsinnig lecker. Einer meiner absoluten Favoriten, er hat alles: süß, säuerlich, klebrig und eine fluffige Krone.

Kokos-Limetten-Kuchen

KOKOS-LIMETTEN-FLUFF

200 ml Schlagsahne

100 ml Crème fraîche, 34 %

45 g Feinzucker (Streuzucker)

50 g Kokos, gerieben

1 Limette, Saft und geriebene Schale

KLITSCHKUCHEN

150 g Butter

100 g weiße Schokolade

3 Eier

180 g Feinzucker (Streuzucker)

1 Limette, Saft und geriebene Schale

1 TL Vanillepulver

75 g Kokos, gerieben

180 g Weizenmehl

1. Mit dem Kokos-Limetten-Schaum beginnen. Die Sahne in einer Schüssel weiß und luftig schlagen.

2. Crème fraîche und Zucker mit dem Handrührgerät in einer Schüssel zu Schaum schlagen und dann unter die Sahne heben.

3. Kokos hinzufügen und danach Saft sowie Schale der Limette. Im Kühlschrank lassen, während Sie den Klitschkuchen backen.

4. Ofen auf 200 °C vorheizen. Eine Springform mit 20 cm Durchmesser einfetten.

5. Die Butter in einem Topf bei geringer Hitze schmelzen und dann vom Herd nehmen.

6. Schokolade fein hacken und in die Butter rühren. Rühren, bis die Schokolade gut geschmolzen ist.

7. Eier und Zucker in einer Schüssel schlagen und dann in die Buttermischung rühren.

8. Limettenschale und -saft, Vanillepulver, Kokos sowie Milch hinzufügen und zu einem glatten Teig verrühren.

9. Teig in die Form füllen und den Kuchen bei mittlerer Einschubhöhe etwa 20 Minuten backen. Herausnehmen und im Kühlschrank ganz abkühlen lassen.

10. Den Kokos-Limetten-Schaum verteilen und eventuell mit Kokos und Limettenschale garnieren.

Dieser Klitschkuchen sieht wie Snickers aus und schmeckt auch so, Sie wissen schon, diese süßen Riegel mit Schokolade, Erdnüssen, Nougat und Karamell.

Klitschkuchen

MIT ERDNUSSKARAMELL

KLITSCHKUCHEN

150 g Butter

100 g dunkle Schokolade, 70 %

2 EL Erdnussbutter

2 Eier

180 g Feinzucker (Streuzucker)

1 EL Kakao

1 TL Vanillezucker

150 g Weizenmehl

NOUGATFLUFF

1 Glas Marshmallow-Fluff

110 g Erdnussbutter mit Stückchen

ERDNUSSKARAMELL

220 g weiche Sahnekaramell, z. B. Werther's Original

2 EL Sahne

150 g Erdnüsse, gesalzen

ZUM GARNIEREN

200 g Schokolade nach Belieben

1. Den Backofen auf 175 °C vorheizen und eine längliche Brotform einfetten, etwa 30 x 12 cm.

2. Butter und Schokolade für den Klitschkuchen in einem Topf schmelzen und vom Herd nehmen.

3. Erdnussbutter, Eier und Feinzucker in einer Schüssel verrühren, dann die Buttermischung hinzufügen.

4. Kakao, Vanillezucker und Mehl vorsichtig unterheben. Zu einem glatten Teig verrühren.

5. Den Teig in die Brotform geben und den Kuchen in der Ofenmitte 15 – 18 Minuten backen. Herausnehmen und im Kühlschrank etwa 3 Stunden abkühlen lassen.

6. Nougat-Fluff: Marshmallow-Fluff und Erdnussbutter in einer Schüssel verrühren. Bei voller Leistung etwa 20 Sekunden in der Mikrowelle erhitzen. Das Nougat auf den kalten Klitschkuchen gießen und im Kühlschrank etwa 10 Minuten erstarren lassen.

7. Erdnusskaramell: Die Bonbons zusammen mit der Sahne in 15-Sekunden-Intervallen bei voller Leistung in der Mikrowelle schmelzen. Zwischendurch umrühren, bis alles Karamell geschmolzen ist. Die Erdnüsse unterrühren und die Mischung über das Nougat geben. Im Kühlschrank ca. 20 Minuten abkühlen lassen.

8. Schokolade über dem Wasserbad schmelzen lassen und dann in einem schönen Muster über den Kuchen ringeln. Vor dem Servieren ganz festwerden lassen.

Ein wunderbarer Klitschkuchen mit ordentlichem Schokoaroma, das auf eine herrlich zäh-süße Marshmallow-Mandelmischung trifft.

Rocky Road

AUF MEINE ART ...

100 g Süßmandeln

1 EL Olivenöl

1 EL grobes Meersalz

150 g Butter

180 g Feinzucker (Streuzucker)

30 g Kakao

2 Eier

75 g Weizenmehl

140 g dunkle Schokoladendrops

110 g Mini-Marshmallows

1. Backofen auf 175 °C vorheizen. Eine Springform mit 20 cm Durchmesser einfetten.

2. Mandeln grob hacken, mit Öl und Salz mischen.

3. Auf einem Backblech verteilen und in der Ofenmitte etwa 8 Minuten rösten. Herausnehmen und abkühlen lassen.

4. Butter mit Zucker und Kakao bei geringer Hitze in einem Topf schmelzen lassen.

5. Die Eier schrittweise unterrühren. Mehl hinzufügen und alles zu einem glatten Teig rühren.

6. Teig in die Form füllen und bei mittlerer Einschubhöhe etwa 15–20 Minuten backen.

7. Aus der Form nehmen und mit Schokodrops, Marshmallows und gerösteten Mandeln bestreuen. Zurück in den Ofen stellen und weitere 3–4 Minuten backen.

8. Kuchen herausnehmen und vor dem Anschneiden ganz abkühlen lassen.

Süß und salzig spazieren hier Hand in Hand – und in diesem Klitschkuchen wird die süße Karamellcreme mit dem Meersalz perfekt. In Kombination mit der Schokolade ist der Geschmack einfach unglaublich.

Dulce de leche

MIT MEERSALZ

200 g Butter

100 g dunkle Schokolade

135 g Feinzucker (Streuzucker)

20 g Kakao

3 Eier

150 g Weizenmehl

150 ml Dulce de leche

1 EL Meersalz

1. Den Backofen auf 175 °C vorheizen. Eine Springform mit 20 cm Durchmesser einfetten.

2. Butter und Schokolade bei geringer Hitze in einem Topf schmelzen.

3. Vom Herd nehmen, Zucker und Kakao einrühren.

4. Die Eier schrittweise unterrühren. Mehl hinzufügen und alles zu einem glatten Teig rühren.

5. Den Teig in eine Form geben und Dulce de leche auf den Teig klecksen. Locker mit einem Spachtel umrühren und das Meersalz darüber streuen.

6. Den Kuchen in der Ofenmitte 20–25 Minuten backen. Vor dem Servieren 3 Stunden im Kühlschrank abkühlen lassen.

Bei diesem Rezept backe ich den Kuchen in einer Pfanne aus Gusseisen, damit er gleichmäßig backt und eine fantastische zarte, fudge-ähnliche Konsistenz bekommt. Natürlich geht es auch mit einer üblichen Backform mit ungefähr derselben Größe.

Nussschokolade

MIT FERRERO ROCHER

150 g Butter

50 g dunkle Schokolade, 60 %

180 g Feinzucker (Streuzucker)

2 Eier

120 g Weizenmehl

20 g Kakao

1 TL Salz

130 g Nutella

70 g Haselnüsse

8 Stück Ferrero Rocher

1. Den Backofen auf 175 °C vorheizen. Eine gusseiserne Pfanne mit 20 cm Durchmesser einfetten und ausbröseln.

2. Butter und Schokolade in einem Topf schmelzen. Vom Herd nehmen, Zucker, Eier, Mehl, Kakao und Salz einrühren.

3. Die Hälfte des Teigs in die Form geben und dann Nutella darüber streichen. Haselnüsse grob hacken und die Hälfte über die Nutella streuen. Den restlichen Teig darauf verteilen und mit den übrigen Nüssen toppen.

4. Den Kuchen in der Ofenmitte 25–30 Minuten backen. Herausnehmen und 10 Minuten abkühlen lassen.

5. Mit den halbierten Ferrero Rocher garnieren und ganz abkühlen lassen.

Einen Klitschkuchen zu frittieren gehört zu dem Besten, was man damit machen kann – außer natürlich, ihn zu essen. Unter der „Kruste" verbirgt sich ein schön klebriger, leicht warmer Kuchen, so sanft und gut, dass Sie sich fragen werden, warum Sie das mit dem Frittieren nicht schon früher versucht haben …

Frittierter Kuchen MIT VANILLEEIS

Klitschkuchen nach Belieben (S. 10)

3 Eier

150 g Weizenmehl

180 g Kekskrümel

1 l neutrales Öl, zum Frittieren

TRADITIONELLES VANILLEEIS

500 ml Schlagsahne

1 Dose Kondensmilch

2 TL Vanillepulver

1. Beginnen Sie mit dem Vanilleeis. Alle Zutaten mit dem Handrührgerät in einer Schüssel zu einem weichen, aber recht steifen Schaum schlagen.

2. Teig in eine gefriergeeignete Form geben und im Gefrierschrank mindestens 4 Stunden erstarren lassen. Eine Weile vor dem Servieren herausnehmen.

3. Vier Stücke aus einem beliebigen Klitschkuchen schneiden.

4. Die Eier in einer Schüssel schlagen. Das Mehl in eine andere Schüssel geben, die Kekskrümel in eine dritte.

5. Das Öl in einem großen Topf auf 180 °C erhitzen.

6. Die Klitschkuchenstücke in Mehl wenden, dann in das Ei tauchen und schließlich in den Kekskrümeln wälzen.

7. Die Klitschkuchenstücke nacheinander in das Öl geben und pro Stück 2 Minuten frittieren. Jedes Stück mit einer Kugel Vanilleeis servieren.

Schokokuchen-Trifle ist so etwas Einfaches wie ein Klitschkuchen in kleinen Stücken, vermengt mit einer leicht geschlagenen Frischkäsemischung und frischen Beeren im Glas. Himmlisch in seiner Einfachheit. Die Himbeeren können Sie gegen andere Beeren oder schönes Obst austauschen.

Schokoladen-Trifle MIT HIMBEEREN

KLITSCHKUCHEN

100 g Butter

50 g dunkle Schokolade, 70 %

2 Eier

180 g Feinzucker (Streuzucker)

20 g Kakao

1 EL Vanillezucker

120 g Weizenmehl

½ TL Salz

ZUM SERVIEREN

300 ml Schlagsahne

100 g Philadelphiakäse

1 TL Vanillepulver

200 g Himbeeren

1. Den Backofen auf 175 °C vorheizen und eine quadratische Form einfetten, etwa 20 x 20 cm.

2. Butter und Schokolade bei geringer Hitze in einem Topf schmelzen. Zur Seite stellen.

3. Eier und Feinzucker in einer Schüssel verrühren. Kakao, Vanillezucker, Mehl und Salz dazugeben.

4. Die Buttermischung hineingießen und alles zu einem glatten Teig verarbeiten. Teig in die Form füllen und den Kuchen bei mittlerer Einschubhöhe etwa 20 Minuten backen.

5. Kuchen herausnehmen und ganz abkühlen lassen. Dann in kleine Stücke schneiden.

6. Sahne, Philadelphiakäse und Vanillepulver mit einem Handrührgerät in einer Schüssel schaumig schlagen.

7. Klitschkuchen, Frischkäsemischung und Himbeeren zum Servieren in einem Glas anrichten.

Was kann noch besser sein, als ein einfacher Klitschkuchen? Klar, eine Klitschkuchenpizza – ein größerer Klitschkuchen, der mit herrlicher Glasur und frischen Beeren garniert wird. Er reicht für die ganze Familie und noch ein paar Freunde.

Klitschkuchen-Pizza MIT BEEREN UND GLASUR

KLITSCHKUCHEN

200 g Butter

4 Eier

270 g Feinzucker (Streuzucker)

180 g Weizenmehl

40 g Kakao

1 EL Vanillezucker

½ TL Salz

GLASUR

200 ml Schlagsahne

100 g Frischkäse, z. B. Philadelphia

45 g Puderzucker

1 TL Vanillezucker

ZUM GARNIEREN

verschiedene Beeren, z. B. Erdbeeren, Himbeeren oder Blaubeeren

1. Ofen auf 175 °C vorheizen. Eine Springform mit 26 cm Durchmesser einfetten.

2. Butter in einem Topf bei geringer Hitze schmelzen.

3. Eier und Feinzucker leicht in einer Schüssel aufschlagen. Mehl, Kakao und Vanillezucker hinzufügen und zu einem dicken Teig verrühren.

4. Butter und Salz hinzufügen, alles glatt rühren.

5. Teig in die Form füllen und bei mittlerer Einschubhöhe etwa 15–18 Minuten backen. Herausnehmen und im Kühlschrank abkühlen lassen.

6. Die Sahne für die Glasur schaumig schlagen.

7. Frischkäse, Puderzucker und Vanillezucker in einer Schüssel vermengen. Die Sahne unterheben und alles vorsichtig gut mischen.

8. Die Glasur auf dem Klitschkuchen verteilen und mit Obst und Beeren toppen.

Dieser Klitschkuchen fiel mir ein, als ich im Wald Beeren für eine Tarte sammelte. Ich hatte Klitschkuchen für das Kaffeetrinken mit und kam darauf, dass ich diese beiden Gebäcksorten doch kombinieren könnte. Gesagt, getan – eine Blaubeertarte in Form eines Klitschkuchens.

Weißer Schokokuchen

MIT BLAUBEEREN UND STREUSELN

KLITSCHKUCHEN

200 g Butter

200 g weiße Schokolade

4 Eier

270 g Feinzucker (Streuzucker)

180 g Weizenmehl

1 EL Vanillezucker

125 g Blaubeeren

STREUSELTEIG

100 g Butter

1 EL Feinzucker (Streuzucker)

90 g Weizenmehl

50 g Haferflocken

FÜLLUNG

150 g Blaubeeren

1. Ofen auf 175 °C vorheizen. Eine Springform mit 24 cm Durchmesser einfetten.

2. Butter in einem Topf bei geringer Hitze schmelzen. Dann die Schokolade einrühren.

3. Eier und Feinzucker in einer Schüssel verrühren. Milch und Vanillezucker hinzufügen, dann die Butter-Schoko-Mischung. Alles zu einem glatten Teig verrühren.

4. Blaubeeren vorsichtig unterheben.

5. Teig in die Form füllen und bei mittlerer Einschubhöhe etwa 20 Minuten backen.

6. Den Streuselteig zubereiten, während der Kuchen im Ofen ist. Alle Zutaten in einer Schüssel zu einem krümligen Teig vermengen.

7. Den Kuchen aus dem Ofen nehmen und mit Blaubeeren bestreuen. Dann den Streuselteig darauf verteilen und den Kuchen weitere 8–10 Minuten backen, bis die Streusel schön golden sind.

Die Idee zu diesem Kuchen entstand, als mir eine Birne in den Klitschkuchenteig plumpste. Als ich die klebrige Birne herausfischte, dachte ich, dass Birne und Schokolade gut zusammenpassen, also warum nicht einen Klitschkuchen mit Birne backen? Nach vielen Experimenten zeigte sich, dass Minze, Schokolade und Birne ein himmlisches Trio sind.

After Eight-Kuchen MIT VANILLEBIRNEN

VANILLEBIRNEN

4 Birnen

1 Vanilleschote

360 g Feinzucker (Streuzucker)

300 ml Wasser

KLITSCHKUCHEN

150 g Butter

100 g dunkle Mintschokolade

100 g After Eight

3 Eier

180 g Feinzucker (Streuzucker)

120 g Weizenmehl

2 EL Kakao

ZUM SERVIEREN

traditionelles Vanilleeis (S. 46)

1. Birnen schälen. Vanilleschote der Länge nach halbieren und Samen auskratzen.

2. Vanilleschote und -samen zusammen mit Zucker und Wasser in eine Schüssel geben. Aufkochen und simmern lassen, bis der Zucker ganz geschmolzen ist.

3. Das untere Ende der Birnen gerade abschneiden und das Obst in den Sirup tauchen. 15 Minuten kochen lassen. Herausnehmen und auf Küchenpapier abtropfen lassen.

4. Klitschkuchen backen. Den Backofen auf 175 °C vorheizen und eine Backform mit 1,5 Litern Fassungsvermögen mit Backpapier auskleiden.

5. Butter mit Schokolade und After Eight bei geringer Hitze in einem Topf schmelzen lassen.

6. Vom Herd nehmen und die Eier schrittweise unterrühren. Dann die trockenen Zutaten hinzufügen und alles zum Teig verrühren.

7. Den Teig in die Form geben und die Birnen hineinstellen. Den Kuchen in der Ofenmitte 30–35 Minuten backen.

8. Herausnehmen und vor dem Anschneiden ganz abkühlen lassen. Lecker mit Vanilleeis!

Ich liebe die Kombination Apfel mit Zimt und dachte mir, dass ich doch einen Klitschkuchen mit diesen Aromen backen könnte. Es dauerte ein bisschen, bis ich darauf kam, dass ich den Kuchen doch IM Apfel backen könnte. Und eine Kugel Vanilleeis zu einem Apfel, in dem ein Zimtklitschkuchen wohnt, ist einfach unglaublich …

Backäpfel

MIT ZIMTKUCHENFÜLLUNG

100 g Butter

1 EL Zimt

2 Eier

180 g Feinzucker (Streuzucker)

2 TL Vanillezucker

120 g Weizenmehl

1 Prise Salz

4 große Äpfel

ZUM SERVIEREN

traditionelles Vanilleeis (S. 46) **oder Vanillesauce**

1. Backofen auf 175 °C vorheizen und ein Muffinblech vorbereiten.

2. Butter einem Topf schmelzen und den Zimt hineinrühren. Vom Herd nehmen und zur Seite stellen.

3. Eier und Feinzucker in einer Schüssel verrühren. Vanillezucker und Mehl hinzufügen. Zum Schluss die Buttermischung und Salz dazugeben und alles zu einem glatten Teig verarbeiten.

4. Alle Äpfel aushöhlen, auf das Muffinblech stellen und zu zwei Dritteln mit Teig füllen. Im Ofen bei mittlerer Einschubhöhe etwa 25 Minuten backen. Herausnehmen und etwas abkühlen lassen.

5. Mit Eis oder Vanillesauce servieren.

Oreo-Kuchen

MIT FUDGE-TOPPING

KLITSCHKUCHEN

200 g Butter

4 Eier

270 g Feinzucker (Streuzucker)

40 g Kakao

210 g Weizenmehl

1 TL Vanillezucker

½ TL Salz

10 Oreo-Kekse

OREO-FUDGE

150 g dunkle Schokolade, mind. 55 %

1 Dose Kondensmilch, gesüßt

150 g weiße Schokolade

1 Paket Oreo-Kekse

1. Ofen auf 175 °C vorheizen. Eine Springform mit 24 cm Durchmesser einfetten.

2. Die Butter in einem Topf schmelzen und vom Herd nehmen.

3. Eier und Feinzucker in einer Schüssel verrühren. Kakao, Mehl, Vanillezucker und Salz hinzufügen. Die geschmolzene Butter einrühren und alles zu einem Teig verarbeiten.

4. Die Hälfte des Teigs in eine Form füllen. Die Kekse hineindrücken und den restlichen Klitschkuchenteig darauf verteilen. Im Ofen bei mittlerer Einschubhöhe ca. 20–25 Minuten backen. Den Kuchen etwa 2 Stunden im Kühlschrank abkühlen lassen.

5. Orego-Fudge: Die dunkle Schokolade in einem Topf über dem Wasserbad schmelzen und die Hälfte der Kondensmilch einrühren.

6. Die weiße Schokolade schmelzen und die restliche Kondensmilch dazugeben.

7. Die Kekse klein hacken, etwas davon als Garnierung zur Seite stellen. Die Hälfte der Brösel in die dunkle Schokoladenmischung geben, den Rest in die weiße.

8. Die beiden Schokocremes über den Kuchen ringeln und mit einer Gabel feine „Wirbel" ziehen. Mit den restlichen Keksen garnieren und dann 30 Minuten im Kühlschrank festwerden lassen.

Bei diesem Klitschkuchen mit Salz und crunchy Erdnussbutter nehme ich Portionsförmchen. Es ist schön und persönlicher, wenn jeder seinen eigenen Kuchen direkt aus der Form essen kann. Genauso gut geht es natürlich mit einer normalen Springform mit den Maßen 20–22 Zentimeter.

Marmorierter Erdnusskuchen

200 g Butter

3 Eier

180 g Feinzucker (Streuzucker)

80 g Muscovado-Zucker

40 g Kakao

1 EL Vanillezucker

120 g Weizenmehl

100 g dunkle Schokolade, 70%

210 g Erdnussbutter

ZUM GARNIEREN

70 g gehackte Erdnüsse

1. Den Backofen auf 175 °C vorheizen und eine rechteckige Form einfetten, 20 x 30 cm.

2. Die Butter in einem Topf schmelzen und vom Herd nehmen.

3. Eier, Feinzucker und Muscovadozucker mit dem Handrührgerät in einer Schüssel schaumig schlagen. Butter, Kakao, Vanillezucker und Mehl hinzufügen. Zu einem glatten Teig verrühren.

4. Schokolade grob hacken und in den Teig mischen.

5. Den Teig in die Form geben und die Erdnussbutter mit dicken Klecksen hinzufügen. Mit einem Spatel locker umrühren, sodass der Kuchen schön marmoriert ist.

6. Im Ofen bei mittlerer Einschubhöhe ca. 30–35 Minuten backen. Den Kuchen sofort mit gehackten Erdnüssen garnieren, wenn er aus dem Ofen kommt. Ganz abkühlen lassen.

Stellen Sie sich einen Klitschkuchen vor, der wie eine Tasse heiße Schokolade schmeckt. Genau das ist bei diesem Kuchen der Fall. Und das ist noch untertrieben …

Heiße Schokolade

MIT MARSHMALLOW-FLUFF

KLITSCHKUCHEN

200 g Butter

100 g dunkle Schokolade, 70 %

225 g Feinzucker (Streuzucker)

1 EL Vanillezucker

4 Eier

180 g Weizenmehl

90 g Kakao

½ TL Salz

TOPPING

200 g Marshmallow-Fluff

200 g Karamellsauce

300 g dunkle Schokolade, 70%

50 g Butter

1. Den Backofen auf 175 °C vorheizen und eine quadratische Form einfetten, 20 x 20 cm.

2. Butter und Schokolade in einem Topf schmelzen. Vom Herd nehmen und die restlichen Zutaten für den Klitschkuchen unterrühren. Alles zu einem glatten Teig verrühren.

3. Teig in die Form füllen und den Kuchen bei mittlerer Einschubhöhe etwa 25 Minuten backen. Herausnehmen und 15 Minuten abkühlen lassen.

4. Den Kuchen in Vierecke schneiden und auf jedes Stück 1 EL Marshmallow-Fluff klecksen. Den Fluff mit dem Gasbrenner flambieren (kann weggelassen werden) und dann 1 EL Karamellsauce über den Fluff geben.

5. Schokolade mit der Butter in einem Topf schmelzen und die Mischung dann über den Kuchen geben. Vor dem Servieren festwerden lassen.

Es gibt wohl niemanden, der nicht den letzten Rest Klitschkuchenteig aus der Schüssel nascht. Und jetzt müssen Sie nicht einmal einen ganzen Klitschkuchen machen, wenn der Heißhunger kommt, sondern einfach diesen herrlichen Dip zusammenrühren, der genau wie ein Klitschkuchen schmeckt. Fantastisch zu frischen Früchten und Beeren!

Klitschkuchen-Dip ZU FRÜCHTEN UND BEEREN

200 g Frischkäse
50 g Butter, zimmerwarm
210 g Puderzucker
2 EL Vollmilch
55 g Weizenmehl
20 g Kakao
2 EL brauner Zucker
50 g dunkle Schokolade
Schokoladendrops als Topping, nach Belieben

SERVIERVORSCHLAG

Erdbeeren, Himbeeren, Brombeeren, Blaubeeren, Kiwi, Ananas, Banane etc.

1. Frischkäse und Butter mit dem Handrührgerät in einer Schüssel etwa 2 Minuten aufschlagen.

2. Vorsichtig Puderzucker und Milch hinzufügen. Dann Mehl, Kakao und braunen Zucker einrühren.

3. Die Schokolade über einem Wasserbad schmelzen. In die Schüssel gießen und alles zu einem glatten Teig verarbeiten.

4. Den Dip in Schälchen servieren und nach Geschmack mit Schokoladendrops garnieren.

5. Zu Früchten und Beeren servieren.

Wenn die Zeit knapp ist und der Heißhunger auf Süßes unvermittelt zuschlägt, sollte man dieses Rezept im Hinterkopf haben. Der Mug-Cake ist ein Klitschkuchen, der in einer Tasse in der Mikrowelle nach fünf Minuten fertig ist.

Mug-Cake

AUS DER MIKROWELLE

MUG-CAKE

2 EL Butter

2 EL Farinzucker

1 Ei

2 EL Kakao

3 EL Weizenmehl

1 Prise Salz

3 EL Schokoladendrops

SCHOKOLADENSAUCE

90 g Feinzucker (Streuzucker)

1 EL Sirup

40 g Kakao

100 ml Wasser

1 Prise Salz

1 EL Butter

ZUM SERVIEREN

traditionelles Vanilleeis (S. 46)

1. Beginnen Sie mit der Schokoladensauce. Alle Zutaten in einem Topf mit dickem Boden mischen.

2. Unter Rühren aufkochen lassen. Die Sauce etwa 5 Minuten simmern lassen, bis sie etwas eingedickt ist, zwischendurch umrühren. Abkühlen lassen.

3. Butter und braunen Zucker in einer hitzebeständigen Tasse vermischen. 15 Sekunden bei höchster Stufe oder bis die Butter ganz geschmolzen ist, in die Mikrowelle stellen.

4. Aus der Mikrowelle nehmen und Ei, Kakao, Mehl und Salz hinzufügen. Zu einem glatten Teig verrühren und dann die Schokoladendrops dazugeben.

5. Bei mittlerer Leistung 1–2 Minuten in der Mikrowelle backen. Der Kuchen wird schnell fertig, bleiben Sie also dabei und schauen Sie zwischendurch nach, damit der Kuchen nicht übergart.

6. Mit einer Kugel Vanilleeis und etwas Schokoladensauce servieren.

TIPP: In der Mikrowelle immer nur einen Kuchen auf einmal backen, sonst verteilt sich die Hitze ungleich und das Ergebnis wird uneinheitlich.

Klitschkuchenmix ist eine hausgemachte Zutatenmischung, ein Mitbringsel statt Blumen oder einer Flasche Wein. Der Beschenkte muss dann nur noch Eier und Butter hinzufügen, alles mischen und in den Ofen schieben. Ein einfaches, originelles und beliebtes Geschenk.

Klitschkuchen-Mix IM GLAS

395 g Feinzucker (Streuzucker)

½ TL Salz

1 EL Vanillezucker

180 g Weizenmehl

60 g Kakao

140 g Schokoladendrops

Alle Zutaten in Reihenfolge des Rezepts in ein Glas mit einem Liter Fassungsvermögen einfüllen. Das Glas verschließen und für den Empfänger eine Anleitung auf einen Zettel schreiben:

KLITSCHKUCHENMIX IM GLAS

1. Den Inhalt des Glases in eine Schüssel geben und 200 g geschmolzene Butter sowie 4 Eier hinzufügen.

2. Zu einem glatten Teig verrühren und dann in eine quadratische Form geben, 30 x 30 cm.

3. Den Klitschkuchen in der Ofenmitte bei 175 °C etwa 20 Minuten backen. Herausnehmen und abkühlen lassen.

Ein langjähriger Favorit – was kann schon falsch daran sein, Schokoladenbällchen mit Klitschkuchen zu kombinieren?

Schokobällchen-KUCHEN

TEIG SCHOKOBÄLLCHEN

100 g Butter, zimmerwarm

90 g Puderzucker

50 ml starker Kaffee

1 TL Vanillezucker

2 EL Kakao

50 g dunkle Schokolade, geschmolzen

175–210 g Haferflocken

Kokos zum Wälzen

KLITSCHKUCHEN

150 g Butter

100 g dunkle Schokolade, 50 %

2 Eier

180 g Feinzucker (Streuzucker)

20 g Kakao

135 g Weizenmehl

1 TL Vanillezucker

1 Prise Salz

GARNIERUNG

150 g dunkle Schokolade

50 g Kokos

1. Ofen auf 175 °C vorheizen. Eine Springform mit 20 cm Durchmesser einfetten.

2. Teig für die Schokobällchen: Die Butter in einer Küchenmaschine oder mit einem Handrührgerät bei hoher Geschwindigkeit schlagen.

3. Puderzucker, Kaffee, Vanillezucker, Kakao und geschmolzene Schokolade hinzufügen. Zu einer cremigen Masse rühren. Haferflocken dazugeben und bei hoher Geschwindigkeit 2 Minuten rühren oder schlagen.

4. Den Teig in den Kühlschrank stellen, während Sie den Klitschkuchen backen.

5. Butter und Schokolade für den Klitschkuchen bei geringer Hitze in einem Topf schmelzen.

6. Vom Herd nehmen. Die restlichen Zutaten hinzufügen und alles zu einem glatten Teig verarbeiten. Teig in die Form füllen und bei mittlerer Einschubhöhe etwa 20–25 Minuten im Ofen backen. Im Kühlschrank 2 Stunden abkühlen lassen.

7. Den Teig für die Schokobällchen herausnehmen und 40 gleich große Schokokugeln formen. Auf den Klitschkuchen legen.

8. Die Schokolade für die Garnierung schmelzen und über die Schokobällchen ringeln. Kokos darüber streuen und im Kühlschrank festwerden lassen.

Das Aroma von Pekannüssen, das sehr kräftig und nussig ist, wird in diesem Kuchen mit zähflüssigem Karamell kombiniert. Wenn Sie mögen, können Sie natürlich auch andere Nüsse nehmen.

Pekannuss-Kuchen MIT BUTTERKARAMELL

100 g dunkle Schokolade

150 g Butter

180 g Feinzucker (Streuzucker)

3 Eier

135 g Weizenmehl

150 g weiche Sahnekaramell, z. B. Werther's Original

150 g Pekannüsse

1. Ofen auf 175 °C vorheizen. Eine Springform mit 20 cm Durchmesser einfetten.

2. Schokolade und Butter bei geringer Hitze in einem Topf schmelzen.

3. Vom Herd nehmen und Zucker, Eier sowie Milch hinzufügen. Zu einem glatten Teig verrühren.

4. Die Hälfte des Teigs in die Form füllen und bei mittlerer Einschubhöhe etwa 15 Minuten backen.

5. Währenddessen die Bonbons vorsichtig in der Mikrowelle schmelzen. Umrühren, bis alle Karamellbonbons gut geschmolzen ist. Die Hälfte der Pekannüsse hacken und in das Karamell geben.

6. Die Butterkaramellmischung auf dem Kuchen verteilen und den restlichen Klitschkuchenteig darauf geben. Die übrigen Nüsse darüber streuen und den Kuchen weitere 15 Minuten backen.

7. Herausnehmen und vor dem Lösen des Randes eine Weile abkühlen lassen.

Dieser Kuchen könnte als ein bisschen sehr süß empfunden werden. Etwas milder wird er, wenn Sie geriebene Zitronen- oder Limettenschale in den Teig geben. Sie können auch dunklere Schokolade verwenden, der Ton wird dann leicht bitter und dämpft die Süße etwas.

Klitschkuchen

MIT SCHOKOKUSS-TOPPING

KLITSCHKUCHEN

150 g Butter

100 g dunkle Schokolade, 70 %

180 g Feinzucker (Streuzucker)

1 TL Vanillezucker

2 Eier

120 g Weizenmehl

20 g Kakao

1 Prise Salz

SCHOKOKUSS-TOPPING

90 g Feinzucker (Streuzucker)

½ EL Puderzucker

½ Eiweiß

2 ½ EL kaltes Wasser

½ EL Gelatinepulver

2 ½ EL kochend heißes Wasser

75 g dunkle Schokolade

1. Ofen auf 200 °C vorheizen. Eine Springform mit 20 cm Durchmesser einfetten.

2. Butter und Schokolade bei geringer Hitze in einem Topf schmelzen. Vom Herd nehmen und zur Seite stellen.

3. Feinzucker, Vanillezucker und Eier in einer Schüssel schlagen.

4. Milch, Kakao und Salz hinzufügen und zu einem glatten Teig verrühren. Die Schoko-Butter-Mischung unterrühren.

5. Teig in die Form füllen und bei mittlerer Einschubhöhe etwa 15–20 Minuten im Ofen backen. Herausnehmen und im Kühlschrank ganz abkühlen lassen.

6. Das Schaumkuss-Topping zubereiten, während der Kuchen abkühlt. Feinzucker, Puderzucker, Eiweiß und kaltes Wasser in einer Schüssel mischen.

7. Die Gelatine im warmen Wasser auflösen. Die Gelatinemischung in die Zuckermasse geben und kräftig mit dem Handrührgerät schlagen, bis die Masse schaumig und fluffig ist.

8. Den Schaum auf dem kalten Klitschkuchen verteilen. Im Kühlschrank etwa 1 Stunde kühlen.

9. Schokolade schmelzen und über den Kuchen ringeln. Vor dem Servieren ganz festwerden lassen.

Klitschkuchen in Form kleiner Kugeln ist immer lustig und etwas Besonderes. Diese Klitschkuchenkugeln, gefüllt mit zarter, schmelziger Haselnusscreme, machen bei allen Gelegenheiten und Partys Furore. Statt Nutella kann auch andere Nusscreme verwendet werden.

Klitschkuchen-Kugeln

MIT NUTELLA-VERSTECK

1 Klitschkuchen nach Belieben (S. 10)

130 g Nutella

200 g Haselnüsse

200 g Schokolade nach Belieben

1. 20 teelöffelgroße Nutellakleckse auf einem Backpapier verteilen. 30 Minuten einfrieren.

2. Den Klitschkuchen mit einer Gabel in einer Schüssel zermusen und 20 gleich große Kugeln formen. In jede Kugel einen gefrorenen Nutellaklecks drücken. Auf eine Platte legen und in den Gefrierschrank stellen.

3. Haselnüsse fein hacken. Die Schokolade bei geringer Hitze über einem Wasserbad schmelzen. Die gefrorenen Klitschkuchenkugeln in die Schokolade tauchen und dann in den Haselnüssen wälzen.

TIPP: In einem dicht schließenden Behälter im Kühlschrank aufbewahren. Die Kugeln können auch ausgezeichnet tiefgefroren werden.

Bei diesem Rezept können Sie Nougatstücke schneiden und auf den Kuchen legen, wie ich es hier gemacht habe, oder das Nougat zubereiten, wenn der Klitschkuchen fertig ist und es dann direkt auf den abkühlenden Kuchen gießen.

Schokokuchen

MIT NOUGAT

KLITSCHKUCHEN

150 g Butter

225 g Feinzucker (Streuzucker)

2 Eier

120 g Weizenmehl

30 g Kakao

1 TL Vanillezucker

½ TL Salz

NOUGAT

65 g Butter

245 g Feinzucker (Streuzucker)

75 ml kaltes Wasser

195 g Weizenmehl

180 g Puderzucker

20 g Kakao

1. Ofen auf 175 °C vorheizen. Eine Springform mit 22 cm Durchmesser einfetten.

2. Butter in einem Topf bei geringer Hitze schmelzen. Die restlichen Zutaten unterrühren.

3. Teig in die Form füllen und den Kuchen bei mittlerer Einschubhöhe etwa 20 Minuten backen.

4. Herausnehmen und im Kühlschrank 2 Stunden abkühlen lassen. Vor dem Servieren das Nougat darauf legen.

5. Nougat: Butter mit Feinzucker und Wasser bei mittlerer Hitze in einem Topf schmelzen lassen. Temperatur erhöhen und 2 Minuten kochen lassen.

6. Die trockenen Zutaten in einer Schüssel mischen und dann schnell in die Buttermischung rühren.

7. In eine rechteckige Form mit Backpapier geben, 20 x 30 cm, und im Kühlschrank ca. 20 Minuten erstarren lassen.

8. Das Nougat in kleine, gleich große Stücke schneiden und vor dem Servieren auf den Kuchen legen.

Wenn Marshmallows im Ofen gegrillt werden, sind sie herrlich zähflüssig und haben ein kräftigeres Aroma. Dieser Kuchen mit einer Schicht Teig, gegrillten Marshmallows mit knusprigen Kinasnacks (im Internet erhältlich) und Schokolade ist einfach göttlich.

Schokocrisp

MIT MARSHMALLOWS

KLITSCHKUCHEN

150 g Butter

100 g dunkle Schokolade, 60 %

3 Eier

180 g Feinzucker (Streuzucker)

150 g Weizenmehl

40 g Kakao

1 TL Vanillezucker

½ TL Salz

150 g Mini-Marshmallows

SCHOKOCRISP

200 g dunkle Schokolade

100 ml Schlagsahne

200 g kleine Kinasnacks

1. Ofen auf 175 °C vorheizen. Eine Springform mit 22 cm Durchmesser einfetten.

2. Butter und Schokolade bei geringer Hitze in einem Topf schmelzen. Vom Herd nehmen und zur Seite stellen.

3. Eier und Feinzucker in einer Schüssel verrühren. Die trockenen Zutaten hinzufügen und vermischen.

4. Die Buttermischung dazugeben und alles zu einem glatten Teig rühren. Teig in die Form füllen und den Kuchen bei mittlerer Einschubhöhe 20–25 Minuten backen.

5. Kuchen herausnehmen und die Marshmallows darauf legen. Etwa 3 weitere Minuten backen, bis alle Marshmallows gut geschmolzen sind. Herausnehmen und im Kühlschrank abkühlen lassen.

6. Schokocrisp: Schokolade mit der Sahne bei geringer Hitze in einem Topf schmelzen lassen.

7. Die Kinasnacks unterrühren. Die Mischung über den abkühlenden Kuchen geben und im Kühlschrank festwerden lassen.

Klitschkuchen im Weinglas backen und servieren ist nicht nur festlich und schön, sondern auch unglaublich lecker. Die Ränder sind schön gebacken und die Mitte bleibt wunderbar klebrig. Gern mit einer Kugel Vanilleeis servieren.

Lauwarmer Kuchen

IM WEINGLAS

150 g Butter

100 g dunkle Schokolade, 70 %

200 g Muscovado-Zucker

3 Eier

120 g Weizenmehl

40 g Kakao

1 Prise Salz

ZUM SERVIEREN

traditionelles Vanilleeis (S. 46)

1. Backofen auf 175 °C vorheizen und fünf hitzebeständige Weingläser vorbereiten.

2. Butter und Schokolade bei geringer Hitze in einem Topf schmelzen. Vom Herd nehmen und die restlichen Zutaten unterrühren.

3. Den Teig gleichmäßig auf die Weingläser verteilen und auf unterer Schiene im Ofen etwa 25 Minuten backen.

4. Mit einer Kugel Vanilleeis servieren.

Süßigkeiten am Spieß, die in gebackenem Klitschkuchen gerollt und dann in geschmolzene Schokolade getaucht werden, sind der Hit bei Kindern, ja, auch bei erwachsenen Kindern! Diese Spieße sind nicht nur unglaublich lecker, auch das Backen macht Riesenspaß.

Klitschkuchen-Pops

MIT SÜẞIGKEITENVERSTECK

15 Stück Rolo-Schokolade

1 Klitschkuchen nach Belieben (S. 10)

150 g Schokolade nach Belieben

TOPPING

gehackte Nüsse oder Streusel

1. Ein Rolo auf jeden Spieß aufziehen und 20 Minuten in den Gefrierschrank legen.

2. Den Klitschkuchen mit der Gabel in einer Schüssel zermusen und 15 Kugeln daraus formen.

3. Einen Rolo-Spieß in jede Kugel drücken und 30 Minuten in den Gefrierschrank legen.

4. Schokolade über einem Wasserbad oder vorsichtig in der Mikrowelle schmelzen. Die gefrorenen Klitschkuchenkugeln in die Schokolade tauchen. Dann in Nüssen oder Streuseln wälzen und festwerden lassen.

100% HOME MADE

Klitschkuchen, Popcorn und salzige Karamellsauce, diese Kombination hat das gewisse Extra. Ein echter Familienfavorit, der perfekt ist, wenn die Wahl zwischen süß und salzig wieder einmal schwerfällt.

Popcornkuchen

MIT KARAMELLSAUCE

POPCORN

3 EL Speiseöl

85 g Popcornmais

KARAMELLSAUCE

180 g Rohrzucker

3 EL heller Sirup

60 g Butter

1 TL Vanillezucker

½ TL grobes Meersalz

KLITSCHKUCHEN

3 Eier

180 g Feinzucker (Streuzucker)

150 g Weizenmehl

1 EL Kakao

1 TL Vanillezucker

½ TL Salz

150 g Butter

100 g dunkle Schokolade, 60 %

1. Das Öl bei mittlerer Hitze in einem großen Topf erwärmen. Prüfen, ob das Öl heiß genug ist, indem Sie einige Maiskörner hineinlegen. Wenn sie aufpoppen, die restlichen Körner hinzugeben. Deckel auflegen und aufpoppen lassen, bis Sie nichts mehr hören. Popcorn in eine große Schale schütten.

2. Alle Zutaten für die Karamellsauce in einen Topf geben und bei mittlerer Hitze aufkochen lassen. Kochen lassen, bis der Zucker vollständig geschmolzen ist, dann ein Viertel des Popcorns zugeben. Umrühren, bis alles Popcorn bedeckt ist. Eventuell etwas Karamellsauce zum Garnieren übrig behalten. Das Karamellpopcorn auf einem Blech mit Backpapier ausbreiten und abkühlen lassen.

3. Ofen auf 175 °C vorheizen. Eine Springform mit 24 cm Durchmesser einfetten.

4. Eier und Feinzucker in einer Schüssel verrühren. Mehl, Kakao, Vanillezucker und Salz hinzufügen. Alles zu einem dicken Teig verrühren.

5. Butter in einem Topf bei geringer Hitze schmelzen. Die Schokolade unterrühren und weiter rühren, bis sie geschmolzen ist. Die Buttermischung in den Eierteig geben und alles zu einem glatten Teig verarbeiten.

6. Teig in die Form füllen, das restliche Popcorn darüber streuen und den Kuchen bei mittlerer Einschubhöhe etwa 20 Minuten backen. Ganz abkühlen lassen.

7. Kuchen mit Karamellpopcorn und eventuell etwas Karamellsauce garnieren.

Wie ein Sandwich, aber mit Klitschkuchen und schmelzigem Schoko-Fudge. Diese Klitschkuchenstücke sind sehr mächtig und können in kleinere Stücke geteilt werden, sodass man mehr davon essen kann.

Fudge-Sandwich

MIT STREUSELN

KLITSCHKUCHEN

doppelte Menge des Klitschkuchenteigs, nach Belieben (S. 10)

FUDGE

400 g dunkle Schokolade

1 Dose Kondensmilch

ZUM GARNIEREN

200 g Schokolade nach Belieben

Streusel

1. Klitschkuchen nach Grundrezept zubereiten, aber in einer Saftpfanne backen. Ganz abkühlen lassen.

2. Schokolade für das Fugde schmelzen und die Kondensmilch einrühren. Die Schokolade über den halben Klitschkuchen verteilen, diesen dann in der Mitte zusammenklappen.

3. Den Klitschkuchen in gleich große Stücke schneiden und eine Weile in den Kühlschrank legen.

4. Schokolade als Garnierung schmelzen und die Stücke zur Hälfte eintauchen. Sofort Streusel darüber streuen und festwerden lassen.

Klitschkuchen

EXTRA

TARTE-SCHALE

125 g Butter

300 g Chocolate Chip Cookies

120 g Weizenmehl

40 g Brauner Zucker

KLITSCHKUCHEN

100 g Butter

2 Eier

180 g Feinzucker (Streuzucker)

20 g Kakao

120 g Weizenmehl

½ TL Salz

KARAMELL

45 g Feinzucker (Streuzucker)

150 ml heller Sirup

150 ml Schlagsahne

150 g Butter

SCHOKOKARAMELL

45 g Feinzucker (Streuzucker)

150 ml heller Sirup

150 ml Schlagsahne

2 EL Kakao

150 g Butter

1. Mit der Tarte-Schale beginnen. Butter in einem Topf schmelzen. Vom Herd nehmen und abkühlen lassen.

2. Die Kekse in einer Küchenmaschine mixen und Butter, Mehl sowie Zucker hinzufügen. Vermengen und dann den Teig in eine Springform mit 22 cm Durchmesser drücken. Für 30 Minuten in den Kühlschrank stellen.

3. Den Backofen auf 175 °C vorheizen. Die Butter für den Klitschkuchen in einem Topf schmelzen und vom Herd nehmen.

4. Eier und Zucker in einer Schüssel verrühren. Die trockenen Zutaten hinzufügen und zuletzt die Butter unterrühren.

5. Den Teig in die Tarte-Schale geben und den Kuchen bei mittlerer Einschubhöhe etwa 25 Minuten backen. Herausnehmen und ganz abkühlen lassen.

6. Karamell: Zucker, Sirup und Sahne in einen Topf geben und etwa 10 Minuten kochen. Kugelprobe durchführen, um zu sehen, ob das Karamell fertig ist: Einen Tropfen der Masse in ein Glas mit kaltem Wasser geben. Die Masse sollte sich zu einer sehr weichen Kugel formen lassen, wenn das Karamell fertig ist.

7. Die Butter schrittweise in den Topf geben und umrühren. Das Karamell über den Klitschkuchen gießen und im Kühlschrank festwerden lassen.

8. Das Schokoladenkaramell so wie das Karamell zubereiten, indem Sie die Punkte 6 und 7 oben wiederholen. Jetzt aber den Kakao zusammen mit Zucker, Sirup und Sahne hinzufügen.

9. Schokoladenkaramell über den Kuchen gießen, wenn die erste Karamellschicht fest ist. Den Kuchen in den Kühlschrank stellen und das Schokokaramell erstarren lassen.

10. Mit Schlagsahne, gehackten Nüssen und frischen Himbeeren servieren.

Eine Klitschkuchentorte mit drei verschiedenen Böden und einer Glasur mit Schokoladengeschmack, die zum Schluss mit jeder Menge Polly-Schokodragees, gefüllt mit Schaumzucker, garniert wird. Diese Torte ist einfach unwiderstehlich und es ist unmöglich, nur ein kleines Stück zu essen.

Klitschkuchen-Torte MIT POLLY-TOPPING

KLITSCHKUCHENBÖDEN

1 dunkler Klitschkuchen (S. 10)

1 weißer Klitschkuchen (S. 10)

1 heller Klitschkuchen (S. 10)

GLASUR

400 ml Schlagsahne

400 g Philadelphiakäse

270 g Puderzucker

60 g Kakao

1 EL Vanillezucker

TOPPING

½ Beutel Polly Original (im Internet erhältlich)

1. Klitschkuchen nach dem Grundrezept auf Seite 10 backen, aber in Formen mit 15 Zentimetern Durchmesser. Im Kühlschrank abkühlen lassen.

2. Sahne und Philadelphiakäse mit einem Handrührgerät in einer Schüssel schaumig schlagen. Dann Puderzucker, Kakao und Vanillezucker hinzufügen, verquirlen.

3. Einen Klitschkuchenboden auf eine Tortenplatte legen und eine Schicht Glasur darauf spritzen. Den nächsten Klitschkuchenboden darauf legen und wieder eine Schicht Glasur verteilen.

4. Den letzten Boden obenauf legen und die Torte mit Glasur bespachteln. Mit der Rückseite eines Löffels oben eine Schale formen. Die „Schale“ mit Polly-Dragees füllen.

5. Die Torte für etwa 30 Minuten in den Kühlschrank stellen. Eine Weile vor dem Servieren herausnehmen.

Register

Liebe Grüße und vielen Dank an …

… meine Familie, die es mir ermöglicht hat, dieses Buch zu schreiben.

Meinen Papa Thomas, weil du bei jedem Fotoshooting dabei warst und als Spülhilfe bei mir gejobbt hast. Keiner spült wie du!

Meiner Mama Ewa und meinem großen Bruder Alexander, weil ihr immer ehrlich wart, wenn ihr meine Kunstwerke probiert habt. Keiner probiert und gibt Feedback wie ihr!

Meinem Mann Robert, weil du immer an mich geglaubt hast. Weil du mich unterstützt hast, wenn ich mich verfahren habe und eingesprungen bist, wenn die Küche aussah wie nach einem Bombeneinschlag. Keiner ist wie du!

Eva Kruk, Thomas Lundvall & Kai Ristilä für die unglaublich lustige, schöne und wunderbare Zusammenarbeit.

Dank an alle, die mir das Selbstvertrauen gaben, dieses Buch zu schreiben.

Helén Pe. Die Bilder sind magisch und ich liebe sie alle. Du fotografierst wie keine andere und inspirierst mich jeden Tag. Ich hätte es niemals ohne dich geschafft.

Sara Göthlin, du hast alle Shootings besonders lustig und locker gestaltet. Mit deinem Herz aus Gold und Auge für das Styling bist du eine der wichtigsten Personen für dieses Buch.

Mein größter und wichtigster Dank geht an Sie. An Sie, die dieses Buch gerade in Händen halten. An Sie, die das Buch lesen und vielleicht etwas daraus backen? Sie sind großartig! Ohne Sie hätte es niemals ein Buch gegeben.

Vergessen Sie nicht, beim Backen Spaß zu haben!

Herzliche Grüße
Frida

Herausgegeben von Bonnier Fakta, Originaltitel Kladdkakor Deluxe

Übersetzung: Elke Adams, Köln, Gestaltung: Kai Ristila

ISBN 978-3-7843-5616-7